Penelope's Confession

Gail Holst-Warhaft

Penelope's Confession

COSMOS PUBLISHING

The Greek Experience
Books, Music, Video, Art
www.GreeceInPrint.com
262 Rivervale Rd, River Vale, N.J. 07675
Tel 201-664-3494 Email info@GreeceInPrint.com

First published in 2007 by:
Cosmos Publishing, an imprint of Attica Editions Inc.
Copyright © 2007 by Attica Editions Inc.

All rights reserved.
No part of this book may be reproduced in any form or by any electronic or mechanical means, including storage and retrieval systems, without permission in writing from the publisher, except by a reviewer, who may quote brief passages in a review.

Library of Congress Cataloging-in-Publication Data
Holst-Warhaft, Gail, 1941-
  Penelope's confession / Gail Holst-Warhaft. — Bilingual ed.
     p. cm.
  Text in Greek translations and in the English original on opposite pages.
  ISBN 978-1-932455-15-1 (pbk. : alk. paper)
  1. Penelope (Greek mythology)—Poetry. 2. Greece—Poetry. 3. War—Poetry. 4. Women—Poetry. I. Title.

PS3608.O494357P46 2007
811'.6—dc22
                        2007021266

Cosmos Publishing
P.O. Box 2255
River Vale, NJ 07675
Phone: 201-664-3494
Fax: 201-664-3402
E-mail: info@greeceinprint.com
Website: www.greeceinprint.com

ACKNOWLEDGEMENTS

The following poems have appeared in journals and anthologies: "The Wooden Horse" (*Southerly*- Australia); "How Productive Pain Is" (*Seneca Review*); "Three Landscapes," "Turning Back" (*Poetry Greece*); "Wild Turkey," "The Twelve Women," "Souvenir," "Your Name," "Ironing," (*Bookpress*); "In the End is the Body", "The Old Men of Athens," (*The Gospels in Our Image: An Anthology of Poetry Based on Biblical Texts*, Harcourt Brace, NYC), "Translation" (*Agenda*, U.K.).

There are many people to whom I owe thanks, especially my close and careful readers who encouraged me to continue with my "Penelope" sequence and offered me many suggestions. To Jon Stallworthy, David Curzon, David Solway, and Chana Kronfeld I am particularly indebted. I am honored that Katerina Anghelaki-Rooke and Kyriakos Charalambides, two of Greece's most celebrated poets, translated a number of these poems. Helen Nikas, a fellow-Australian and literary translator was also kind enough to translate several poems. I am very grateful to Maria Hnaraki for her help with my translations of the remaining poems and to Kostas Yiavis for many suggestions. Lastly, I am grateful not to have married a warrior but a man who shares my hatred of war.

THE TRANSLATIONS

Why should a poet who was born in Australia and lives in the United States choose to publish her poems in Greek as well as English? It would take a story as long as the *Odyssey* to answer the question, but the short answer is that the poet is as homeless as Odysseus. Having spent most of my life writing about Greece, performing Greek music, and translating Greek writers into English, I now lead a double life. One is lived in the green and pleasant land of upstate New York, in a town appropriately named Ithaca. The other is lived in Greece, in an Ithaca that has continued to sustain and inspire me long after I left its shores. The *Penelope* poems were written partly as a response to a new war, one that, like its ancient precursor, was fought for reasons other than the ones its leaders professed. In many ways the poems seem to link my two lives, one of which has always been filled with that pain of exile and desire for return that is enclosed in the Greek word nostalgia. I am honored that two of Greece's best-known poets, my old and dear friend Katerina Anghelaki-Rooke, and my new friend Kyriakos Charalambides have been among my translators. This is one of the joys of a double life: the poets you translate can translate you. It took a long time for this small volume to see the light, but I am grateful to my publisher for suggesting I produce a two-language edition.

CONTENTS

Unraveling 16
Penelope's Confession 20
The Late Spring 24
Penelope's Nightstand 28
Penelope Contemplates Infidelity 30
Translation 34
The Recognition Scene 36
Fidelity 38
Penelope's Love of Poetry 40
Sometimes She Wishes She Were a Man of Action 42
Andromache's Curse 44
The Cost of Wandering 48
The Wooden Horse 50
The Twelve Women 54
A Souvenir 58
How Productive Pain Is 62
Athena's Bargain 64
Your Name 68
The Raised Hand 72
Homebound 76
War Tales 78
A Parting of the Ways 80
Penelope's Blues 82

TURNING BACK

Turning Back 86
Prosilion 88

Ithacan Café	90
Returns	92
Devotee of Aphrodite	94
The Old Men of Athens	96
Three Landscapes	98
Wild Turkey	100
Ironing	102
In the End is the Body	106

PENELOPE'S CONFESSION

Η ΕΞΟΜΟΛΟΓΗΣΗ ΤΗΣ ΠΗΝΕΛΟΠΗΣ

UNRAVELING

What happened in the small hours
was not a play for time;
she had that to spare.
Still, she could not finish.

It would be her best work —
the narrow ships bristling
with tiny black oars
dipped in an indigo sea,

the captains erect in the prow,
their helmets flecked with gold
as if caught by the sun,
the blue backs of dolphins.

She'd left his ship till last
wanting it to stand for all,
the great painted eye
on its bow to catch all eyes.

She thought by shaping its hull
to take herself on board,
by tracing the curve of his cheek
to restore its weight on hers

but when its time came
she could no more summon his face

ΞΕΤΥΛΙΓΟΝΤΑΣ

Αυτό που γινόταν με το χάραμα
δεν ήταν για να κερδίσει χρόνο·
απ' αυτόν είχε και περίσσευμα.
Όμως να τελειώσει δεν μπορούσε.

Θα 'ταν το καλύτερο έργο της –
τα στενά καράβια όλο
μικρά μαύρα κουπιά
βουτηγμένα στη λουλακί θάλασσα

οι καπετάνιοι όρθιοι στην πλώρη
τα κράνη τους με χρυσές
ανταύγειες από τον ήλιο,
τα δελφίνια με τη μπλέ ράχη τους.

Είχε αφήσει το καράβι του τελευταίο
για να συμβολίζει τ' άλλα,
το τεράστιο βαμμένο μάτι
στην πλώρη να τραβά τα μάτια όλων.

Σκέφτηκε ότι σχεδιάζοντας το σκελετό,
θ' ανέβαινε η ίδια στο καράβι,
ότι χαράσσοντας την καμπύλη του μάγουλού του
θα ξανάνιωθε το βάρος του πάνω της.

Όμως όταν έφτασε η στιγμή,
όχι μόνο δεν ανακάλεσε τη μορφή του

than she could her own (for years
she'd avoided mirrors and still water).

The suitors played for her at dice;
the winner told her she'd be his
by morning. "When I finish
my work," she'd say knowing

he would sleep and she
weave feverishly on
until, in the small hours,
her night's unraveling would begin.

αλλά ούτε και τη δική της (χρόνια τώρα
απέφευγε τους καθρέφτες και το στεκούμενο νερό).

Οι μνηστήρες την έπαιζαν στα ζάρια·
ο κερδισμένος της είπε ότι θα γινόταν δικιά του
πριν ξημερώσει. «Όταν τελειώσω
το εργόχειρό μου», έλεγε γνωρίζοντας

ότι αυτός θα κοιμόταν κι εκείνη
θα ύφαινε μανιασμένα
μέχρι που με το χάραμα
το ξετύλιγμα του νυχτεριού της θ' άρχιζε ξανά.

Μετάφραση: ΕΛΕΝΗ ΝΙΚΑ

PENELOPE'S CONFESSION

I won't say there wasn't a night
when I didn't long to let one in
but something held me back.
It wasn't love of you
but what we made together:
this boy, this home, this Ithaca.
I filled your absence with the sea
that robbed me. I hated it
at first, its pebbles radiant
when wet, when dry, dull
as seaweed or bleached wood.
Then it became my familiar;
I let it lap at my feet
imagining the same water
distant, licking your ship.
For years I held sway
not by guile but taking
my cue from your nemesis.

Calm, terrible when crossed,
I kept our estate intact
and let oafs wallow
out of their depths;
what they wasted I learned
to replenish; never still,
I oversaw each planting
of olive and vine, each mating
of bull with rutting heifer.

Η ΕΞΟΜΟΛΟΓΗΣΗ ΤΗΣ ΠΗΝΕΛΟΠΗΣ

Δεν θα πω πως υπήρξε νύχτα
που να μην λαχταράω κάποιον ν' αφήσω να μπει
αλλά πάντα κάτι με σταματούσε.
Δεν ήταν η αγάπη μου για σένα
αλλά για ό,τι φτιάξαμε μαζί
το αγόρι αυτό, αυτό το σπιτικό, την Ιθάκη αυτή.
Γέμισα την απουσία σου με τη θάλασσα
που σ' έκλεψ' από μένα. Τη μισούσα
στην αρχή, τα βότσαλά της π' ακτινοβολούσαν
υγρά κι' όταν στεγνά ήσαν άχρωμα
σαν τα φύκια ή το ξεθωριασμένο ξύλο.
Μετά αποχτήσαμε οικειότητα
την άφηνα να μου γλείφει τα πόδια
και φανταζόμουνα αυτό το ίδιο το νερό,
μακριά, να γλείφει το πλοίο σου.
Χρόνια άντεξα πολλά
όχι με τεχνάσματα
αλλά γιατί είχα σαν οδηγό
τη δική σου Νέμεση.

Ήρεμη, φοβερή σαν θύμωνα,
κράτησα το κτήμα μας ακέραιο
κι άφησα απορημένους τους ηλίθιους
τίποτα να μην καταλαβαίνουν
ότι απώλεσαν έμαθα πώς να επανακτήσω
άγρυπνα παρακολουθώ το κάθε φύτεμα
ελιάς, κληματαριάς, το κάθε ζευγάρωμα
ταύρου με το θηλυκό του σε οργασμό.

You never loved Ithaca
as I do. I dipped my hands
in this earth and watched it fall,
black through my fingers.
Nights, I felt it tremble
in the Earth-shaker's hands
like the boy asleep beside me
(calm, terrible when crossed)
and knew I could be faithful.

Εσύ ποτέ δεν αγάπησες την Ιθάκη
όσο εγώ. Βούτηξα τα χέρια μου
σ' αυτό το χώμα και το 'δα να πέφτει
μαύρο μες από τα χέρια μου.
Τις νύχτες το 'δα να τρέμει
στα χέρια του Γαιοσείστη
σαν το αγόρι το μικρό δίπλα μου κοιμισμένο
(ήρεμο, φοβερό σαν θυμώνει)
κι ήξερα πια πως θα 'μενα πιστή.

Μετάφραση: ΚΑΤΕΡΙΝΑ ΑΓΓΕΛΑΚΗ-ΡΟΥΚ

THE LATE SPRING

The spring is late.
Anemones keep
chutes shut;
irises are reluctant
to uncurl their panting
tongues. A sluggishness
has overcome the island
and tourists shiver
in their crush-proof clothes.

Penelope waits
but what she waits for
she can't say.
Boats come and go
bringing supplies
for a siege: beer,
bicycles, girls,
bottled water
that will last till October
wearing away
the island's defenses.

Behind the town
there is still life
but for how long?
Villas climb,
cleansing hillsides
of oak and olive,

Η ΚΑΘΥΣΤΕΡΗΜΕΝΗ ΑΝΟΙΞΗ

Η άνοιξη αργεί.
Οι ανεμώνες κρατούν
κλειστά τ' αλεξίπτωτά τους.
Οι ίριδες διστάζουν
να ξεδιπλώσουν τις λαχανιασμένες
γλώσσες τους. Μια νωθρότητα
επικρατεί στο νησί
κι οι τουρίστες τουρτουρίζουν
σε ρούχα που δε τσαλακώνουν.
Η Πηνελόπη περιμένει,
αλλά τι περιμένει
δεν μπορεί να πει.
Καράβια πάνε κι έρχονται
γεμάτα εφόδια
για την πολιορκία: μπίρα,
ποδήλατα, κορίτσια,
εμφιαλωμένο νερό
μέχρι τον Οκτώβρη,
εξαντλώντας
τις αντιστάσεις του νησιού.

Πίσω απ' την πόλη
υπάρχει μια ζωή,
αλλά για πόσο ακόμη;
Βίλες ξεφυτρώνουν
ξεγυμνώνοντας τις λοφοπλαγιές
από βελανιδιές κι ελιά,

electric lines
follow, roads
where turtles are splayed
like slow infantry.

Away from the wind
in the lee of a hill
she stops to look
at the raw sky,
the clenched buds
at her feet. She desires
nothing more
than this waiting,
the promise kept
back, deferred,
the late spring.

ηλεκτρικά καλώδια
στη συνέχεια, δρόμοι
με πατημένες χελώνες,
σαν βομβαρδισμένο πεζικό.

Μακριά απ' τον άνεμο
στην απανεμιά ενός λόφου
σταματάει να κοιτάζει
τον άγριο ουρανό,
τα σφιγμένα μπουμπούκια
στα πόδια της. Τίποτε άλλο
δεν λαχταράει εκτός από
αυτή την αναμονή,
την αναβαλμένη υπόσχεση
την άνοιξη που καθυστερούσε.

Μετάφραση: Γκειλ Χολστ-Γουαρχαφτ

PENELOPE'S NIGHTSTAND

Penelope envies the cat, comfortable
on warm tiles. She wishes
to curl herself into a ball
and dream of her next meal or the night
with a beggar or husband in disguise. A night
is not enough. The morning after
turns to afternoon, longing can only
take an indirect object.

She's had years of expertise
in missing persons, their photographs
adorn her nightstand like mug-shots
growing grainy in the local post office,
afraid to give themselves away.
Like the cat she wants meat,
blood and bone, salt-lick,
warm body.

ΤΟ ΚΟΜΟΔΙΝΟ ΤΗΣ ΠΗΝΕΛΟΠΗΣ

Η Πηνελόπη ζηλεύει τη γάτα, βολεμένη
στα ζεστά πλακάκια. Θέλει κι εκείνη
να κουλουριαστεί
και να ονειρευτεί το επόμενο φαΐ της ή τη νύχτα
μ' έναν ζητιάνο ή σύντροφο μεταμφιεσμένο. Μια νύχτα
δε φτάνει. Η άλλη μέρα το πρωί
γίνεται απόγεμα, η επιθυμία μόνο
έμμεσο αντικείμενο μπορεί να πάρει.

Έχει πείρα πολύχρονη
σε αγνοούμενα πρόσωπα, οι φωτογραφίες τους
στολίζουν το κομοδίνο της, σαν τις φάτσες καταζητούμενων
που ξεθωριάζουν στο αστυνομικό τμήμα,
γιατί φοβούνται να παραδοθούν.
Σαν τη γάτα, θέλει κι εκείνη κρέας,
αίμα και κόκαλο, αλμυρό
ζεστό κορμί.

Μετάφραση: ΕΛΕΝΗ ΝΙΚΑ

PENELOPE CONTEMPLATES INFIDELITY

Memory has become ethereal
she thinks, sitting on the waterfront,
rain dripping from the awnings
of cafés where tourists cluster
to eat ice-cream at tables.
She sips her ouzo slowly,
gazes at the unforgiving sea,
wonders how she became
a symbol of fidelity — some
poet's fault no doubt.

Penelope sips and waits.
Memory once had a bouquet;
now it needs flavoring
like the milky liquor in her glass.
To what, then, is she faithful?
Memory's distilled spirit?

Yet, that old hippie with
broken sandals was the first
who dared. Last night,
pretending to drop a spoon
he bent and kissed her knee
under the paper tablecloth.

Someone is playing a bouzouki,
singing a rebetiko song.
The stranger comes limping,

Η ΠΗΝΕΛΟΠΗ ΑΝΑΛΟΓΙΖΕΤΑΙ ΤΗΝ ΑΠΙΣΤΙΑ

Η μνήμη έχει γίνει αιθέρας
σκέφτεται καθισμένη στη παραλία
και στάζει η βροχή απ' το γείσο
των καφενείων όπου μαζεύοντ' οι τουρίστες
να φάνε στο τραπέζι παγωτό.
Πίνει το ούζο της γουλιά γουλιά,
ατενίζει την ανήλεη θάλασσα
αναρωτιέται πώς κι έγινε αυτή
το σύμβολο της πίστης – κάποιου
ποιητή το λάθος ήταν σίγουρα.

Σιγοπίνει η Πηνελόπη και περιμένει.
Η μνήμη είχε κάποτε γεύση,
τώρα θέλει να τη δυναμώσει
σαν το γαλαχτερό υγρό μες στο ποτήρι της.
Σε τι, τότε, είναι πιστή;
Στ' απόσταγμα της μνήμης;

Κι όμως, εκείνος ο γέρο χίπις
με τα παλιοπέδιλα ήταν ο πρώτος
που τόλμησε. Εχτές το βράδυ
του 'πεσε τάχα κάτω το κουτάλι,
έσκυψε και της φίλησε το γόνατο
κάτω απ' το χάρτινο τραπεζομάντιλο.

Κάποιος παίζει μπουζούκι
και κάποιο ρεμπέτικο τραγούδι τραγουδάει.
Έρχεται κουτσαίνοντας ο ξένος

smelling slightly of salt.
Incarnate memory takes her
by the hand, leads her
to the house. Strange how
the dog wags its tail
as if it too is tired of waiting.

κι έχει μια ελαφριά αλατισμένη μυρωδιά.
Ενσαρκωμένη μνήμη, την παίρνει
από το χέρι, την οδηγεί στο σπίτι. Παράξενο
που ο σκύλος την ουρά του κουνάει
σα να 'χε κουραστεί ν' αναμένει.

Μετάφραση: ΚΑΤΕΡΙΝΑ ΑΓΓΕΛΑΚΗ-ΡΟΥΚ

TRANSLATION

I'm busy translating
your tongue into mine.
I parse you, enumerate
your parts of speech,
match them with my own,
change tense, future
into perfect: translate
'will come' to 'have come' —
past affecting
present, your coming
surveyed from here.

For years I walked
through the nettles, enjoying
the sting that tingled,
mating your name
with verbs of longing
but always that "will"
came between us
pursing its lips
like a chaperone.
Now only the "ve"
of love lies
between you and my verbs,
purring on my lips.

ΜΕΤΑΦΡΑΣΗ

Παλεύω με τη μετάφραση,
από τη δική σου γλώσσα στη δική μου,
σε αναλύω, απαριθμώ
τα μέρη του λόγου σου,
τα ταιριάζω με τα δικά μου,
αλλάζω το χρόνο – μέλλον
στον παρακείμενο —
«θα έρθει» στο «έχει έρθει»,
η επίδραση του παρελθόντος
στο παρόν, τον ερχομό σου
απ' αυτή την άποψη.

Χρόνια περπατούσα
στις τσουκνίδες, και χαιρόμουνα
το τσούξιμο που έκαιγε·
ζευγάρωνα τ' όνομά σου
με τα ρήματα της λαχτάρας
αλλά πάντοτε αυτό το «θα»
μας χώριζε, κηδεμόνας
με σφιγμένα χείλη.
Τώρα μόνο το «ρω»
του έρωτα κείτεται
ανάμεσα σε σένα και τα ρήματά μου
γουργουρίζοντας στα χείλη μου.

Μετάφραση: ΓΚΕΙΛ ΧΟΛΣΤ-ΓΟΥΑΡΧΑΦΤ

THE RECOGNITION SCENE

That night he knew her and she knew him,
but was he her man or did she decide
he was hers by right of abstinence.
And did he know she didn't know
him by a puckered scar but sense
she was his by her own compliance?

All the long remainder of the night
she lies alone, pondering such things:
the way lovers know each other
first at some café table, then
as they walk the streets close together
how a hand finds its way into another

and from the fit of hand in hand,
the tongue-and-groove of later joinery
is intimated. The lover can still
turn back from the coupling, choose
not to weaken, smooth her deshabille,
deny desire by an exercise of will.

It's late. A wind stirs the leaves.
Already she's paid the price of knowing
another body: her body's greed
for further knowledge. Her right to him
can never be guaranteed;
her only surety is her body's need.

Η ΣΚΗΝΗ ΤΗΣ ΑΝΑΓΝΩΡΙΣΗΣ

Κείνη τη νύχτα τη γνώρισε και τον γνώρισε κι αυτή,
αλλά ήταν άραγε αυτός ο άντρας της ζωής της ή έτσι τ'
αποφάσισε
με το δικαίωμα που δίνει η αποχή;
Κι αυτός ήξερε ότι εκείνη δεν τον αναγνώρισε
από κάποια ζαρωμένη ουλή αλλά ένιωσε
πώς ήτανε δική του μέσ' απ' τη δική της την υποταγή;

Όλο το ατέλειωτο υπόλοιπο της νύχτας
ξαπλωμένη μόνη συλλογάται
πώς οι εραστές πρωτογνωρίζονται
σ' ένα καφέ ίσως, έπειτα
όπως στους δρόμους περπατούνε κολλημένοι

πώς το ένα χέρι βρίσκει του άλλου
κι αυτό το χέρι-χέρι μια γλώσσα μες στη θήκη της
αγγέλλει. Ο εραστής μπορεί ακόμη
ν' αρνηθεί να ζευγαρώσει, ν' αποφασίσει
στην αδυναμία να μην ενδώσει, να μην χαϊδέψει το ρούχο
της το μέσα, στον πόθο να πει όχι, τη θέλησή του ασκώντας.

Είναι αργά. Αέρας τα φύλλα σαλεύει.
Έχει ήδη πληρώσει το τίμημα για κάποιου άλλου
σώματος τη γνώση που είναι του δικού της σώματος
η απληστία για περισσότερη γνώση. Για το δικαίωμά
της πάνω του εγγύηση δεν έχει
η μόνη της σιγουριά του δικού της κορμιού η ανάγκη.

Μετάφραση: ΚΑΤΕΡΙΝΑ ΑΓΓΕΛΑΚΗ-ΡΟΥΚ

FIDELITY

The dog died in the night;
one twitch of a mangy tail
was enough to loose its hold
on life. Years ago
she had tired of its fidelity.
Dogs try too hard, she thinks;
they wear their doggy hearts out
waiting for masters to return.

She drinks her coffee under the carob;
its pods clack in the wind.
She has begun to hate the way
her name rattles off the tongue:
Penelope – fidelity —
two seeds in a dry pod.
She's become an antidote
for adultery, Helen's counterpoise.

When all this becomes myth
what woman worth her lover's
salt will wish herself
Penelope? For another's
infidelity she has lived
her life on the threshold,
slave to the harlot, Hope.
She's led a dog's life.

ΠΙΣΤΗ

Ο σκύλος πέθανε τη νύχτα
κούνησε τη ψωραλέα του ουρά
κι αυτό του ήταν αρκετό για να ξαγκιστρωθεί
απ' τη ζωή. Εκείνη, χρόνια πριν
την πίστη του είχε βαρεθεί.
Το παρακάνουν, σκέφτεται, οι σκύλοι
λιώνει η σκυλίσια τους καρδιά
περιμένοντας τ' αφεντικά τους να γυρίσουν.

Πίνει τον καφέ της κάτω απ' τη χαρουπιά
οι καρποί του δέντρου χτυπιούνται στον αέρα.
Είχε αρχίσει να μισεί στη γλώσσα
πως ηχούσαν τα δυο Π –Πηνελόπη - πιστή
σα δύο σπόροι σε περικάρπιο ξερό.
Το αντίδοτο έχει γίνει
της μοιχείας, το αντίβαρο της Ελένης.

Όταν όλο αυτό μύθος θα 'ναι,
ποια γυναίκα που το αλάτι
του εραστή της πραγματικά τ' αξίζει
ως Πηνελόπη θα θέλει να μείνει;
Για κάποιου άλλου την απιστία
έζησε τη ζωή της στο κατώφλι,
σκλάβα μιας εταίρας, της ελπίδας.
Έζησε μια σκυλίσια ζωή.

Μετάφραση: ΚΑΤΕΡΙΝΑ ΑΓΓΕΛΑΚΗ-ΡΟΥΚ

PENELOPE'S LOVE OF POETRY

Penelope's love of poetry
has left her. She knows what men do
seduced by its coquetry.

Did anyone give his life
for Agamemnon's redhead brother
or his vain and vagrant wife?

Pretexts are always sought
for the wars men choose —
sufficient cause in afterthought.

There will always be a city
rich in gold and ripe
for plunder, its girls pretty,

and men eager for the sound
of their names on a poet's tongue
holding posterity spellbound.

Η ΑΓΑΠΗ ΤΗΣ ΠΗΝΕΛΟΠΗΣ ΓΙΑ ΤΗΝ ΠΟΙΗΣΗ

Η αγάπη της Πηνελόπης για την ποίηση
την έχει αφήσει. Ξέρει τι κάνουν οι άντρες
ξελογιασμένοι από τη φιλαρέσκεια του λόγου.

Θυσίασε κανείς τη ζωή του
για του Αγαμέμνονα τον κοκκινομάλλη αδελφό
ή για την υπερήφανη και αλήτισσα γυναίκα του;

Οι άνδρες πάντα γυρεύουν αφορμές
για τους πολέμους που διαλέγουν,
επαρκώς αιτιολογημένους εκ των υστέρων.

Πάντοτε θα υπάρχουν
πολιτείες πλούσιες σε χρυσό και έτοιμες
για λεηλασία, τα κορίτσια τους όμορφα,

και άνδρες που καίγονται ν' ακούσουν
τ' όνομά τους στο στόμα ενός ποιητή
μαγεύοντας τους μεταγενέστερους.

Μετάφραση: ΓΚΕΙΛ ΧΟΛΣΤ-ΓΟΥΑΡΧΑΦΤ

SOMETIMES SHE WISHES SHE WERE A MAN OF ACTION

Sometimes she wishes she were a man of action
but that would demand a failure of imagination
to contemplate failure. Men who lead
other men to war are not besieged
by fears of death and what comes afterward;
each day's battle is its own reward.

Those who stay behind weave
dirges as their men of action leave.

ΠΟΤΕ ΠΟΤΕ ΘΑ ΗΘΕΛΕ ΝΑ ΗΤΑΝ ΑΝΘΡΩΠΟΣ ΤΗΣ ΔΡΑΣΗΣ

Πότε πότε εύχεται να ήταν άνθρωπος της δράσης. Αλλά αυτό απαιτεί από τη φαντασία να μην μπορεί να σκεφτεί την αποτυχία. Αυτοί που οδηγούν τους άλλους στο πόλεμο δεν τυραννιούνται από φόβους θανάτου και από το έπειτα· η μάχη η καθημερινή είναι η αμοιβή που δίνει στον εαυτό της.

Αυτές που μένουν πίσω υφαίνουν μοιρολόγια σαν φεύγουν οι άνδρες τους.

Μετάφραση: ΓΚΕΙΛ ΧΟΛΣΤ-ΓΟΥΑΡΧΑΦΤ

ANDROMACHE'S CURSE

"Barbarians, you call this war
a rescue mission. You kill
in a woman's name, one
we treated as guest of the city
you left to dogs and vultures.

And I'm to be his slave.
What irony! Without pity,
this man killed my son
and I'm to see him greet his own."
Andromache's curse was a debt

to her dead. She didn't moan
her fate but followed his footsteps
through the smoking streets to the shore
where sailors piled beaked ships
with plunder and captains swore.

In the darkness below deck
Andromache spoke to her dead
saying she'd make the journey
long, that Odysseus would thread
into his own labyrinth

and when he reached his land
find strangers, an aging wife,
the boy he'd left a man,

Η ΚΑΤΑΡΑ ΤΗΣ ΑΝΔΡΟΜΑΧΗΣ

«Βάρβαροι, αποκαλείτε αυτόν τον πόλεμο
«αποστολή διάσωσης». Σκοτώνεστε
στ' όνομα μιας γυναίκας
που φιλοξενήσαμε σ' αυτή την πόλη,
που αφήσατε στα σκυλιά και τα όρνια.
Κι εγώ, σκλάβα του.
Τι ειρωνεία! Χωρίς έλεος
αυτός ο άνδρας σκότωσε το γιο μου
και θα τον δω να χαιρετάει τον δικό του».
Η κατάρα της Ανδρομάχης ήταν χρέος
στους νεκρούς της. Δεν έκλαψε
τη μοίρα της αλλά ακολούθησε τα βήματά του
στους γεμάτους καπνό δρόμους στην παραλία
όπου οι ναύτες στοίβαζαν λάφυρα σε στενά πλοία
κι οι καπετάνιοι έβριζαν.

Στα σκοτεινά, κάτω απ' το κατάστρωμα
η Ανδρομάχη μιλούσε στους νεκρούς της
λέγοντας πως θα κάνει μακρύ το ταξίδι
να διαρκέσει, πως ο Οδυσσέας θα παγιδευτεί
μέσα στο δικό του λαβύρινθο

κι όταν θα φτάσει στη χώρα του
θα βρει ξένους, μια ηλικιωμένη γυναίκα,
θα βρει άνδρα, το αγόρι που άφησε,

suitors eating at his table.
To regain his kingdom he'd wear

a beggar's filthy rags.
By then he'd hardly know
why he'd returned. He'd pay
his debts and sail again —
he only knew one trade.

μνηστήρες να τρώνε στο τραπέζι του.
Για να κερδίσει πάλι το βασίλειό του θα φορέσει
τα βρώμικα κουρέλια ενός ζητιάνου,
μέχρι τότε σχεδόν δεν θα ξέρει
γιατί επέστρεψε. Θα πληρώσει
τα χρέη του και θα βάλει πλώρη ξανά:
μόνο μια τέχνη ξέρει.

Μετάφραση: ΓΚΕΙΛ ΧΟΛΣΤ-ΓΟΥΑΡΧΑΦΤ

THE COST OF WANDERING

The cost of wandering was loss
of trust, even in her.
Why else would he tell such tales
about himself, camouflaged,
scratching his scabby beard,
testing? Didn't he see
she was no swan-spawned
harpy like Helen and her sister?

But then he failed to know
the land he'd sailed toward
and thought it one more
strange island. Disguise
put on once too often
had dulled his vision so
the "man of many turns"
couldn't make the last return

to himself, the inward spiral
that would lead him back to her.
He'd charmed kings, cheated
sirens, hidden under sheep,
hoodwinked one-eyed giants,
but she saw through the man
he'd been to the man he was:
the wanderer who'd outfoxed himself.

ΤΟ ΚΟΣΤΟΣ ΤΗΣ ΠΕΡΙΠΛΑΝΗΣΗΣ

Το κόστος της περιπλάνησης ήταν η απώλεια
εμπιστοσύνης, ακόμα και σ' αυτήν.
Διαφορετικά θα έλεγε τέτοια παραμύθια
για τον εαυτό του μασκαρεμένος,
ξύνοντας τα ψωριάρικα γένια του,
δοκιμάζοντας την; Δεν είδε πως η Πηνελόπη
δεν ήταν καμιά κυκνο-σπαρμένη βρωμιάρα
σαν την Ελένη και την αδελφή της;

Αλλά ούτε και κατάφερε να αναγνωρίσει
τον τόπο στον οποίο αρμένιζε
και φαντάστηκε πως ήταν ένα ακόμα
παράξενο νησί. Οι πολλές μεταμφιέσεις
έκαναν τα μάτια του
να μην βλέπουν καθαρά,
τόσο που «ο άνδρας ο πολύτροπος»
ήταν ανίκανος να κάνει την τελευταία στροφή

προς τον εαυτό του, ν' ακολουθήσει την εσωτερική σπείρα
που θα τον οδηγούσε πίσω στη γυναίκα του.
Είχε γοητέψει βασιλιάδες, εξαπατήσει
Σειρήνες, κρυφτεί κάτω από πρόβατα,
ξεγελάσει μονόφθαλμους γίγαντες,
αλλά αυτή κατάλαβε το τι ήταν
κάποτε και το τι τώρα — ο περιπλανώμενος
που είχε ξεγελάσει τον ίδιο του τον εαυτό στην πονηριά.

Μετάφραση: ΓΚΕΙΛ ΧΟΛΣΤ-ΓΟΥΑΡΧΑΦΤ

THE WOODEN HORSE

> *The lowest is to attack a city.*
> Sun Tzu

Before that night the horse
was a high-point of minstrels' tales,
especially that part when the belly
splits and instead of entrails
the Greeks spew out
into the sleeping streets
and take Troy by stealth,
ending the nine-year siege.

The poets don't mention the sound
the city made as it died
or the smell that rose from its streets
after the soldiers had satisfied
their lust for blood and turned
to sex. Last night her house
was a mini-Troy, its rooms
shrieking, its killer her spouse.

Next morning by the sea
she raises her sticky shift
over her head and swims,
letting her mind and body drift
under the brightening sky.

ΤΟ ΞΥΛΙΝΟ ΑΛΟΓΟ

Το πιο ατιμωτικό είναι να επιτεθείς σε μια πόλη.

SUN TZU

Πριν από κείνο το βράδυ το άλογο
ήταν το αγαπημένο σημείο των παραμυθάδων,
ιδίως εκεί όπου η κοιλιά
ανοίγει κι αντί για εντόσθια
οι Έλληνες ξεχύνονται
στους κοιμισμένους δρόμους
και παίρνουν κρυφά την Τροία
δίνοντας τέλος στην εννιάχρονη πολιορκία.

Οι ποιητές δε μιλάνε για τον ήχο
που έβγαζε η πόλη καθώς πέθαινε
ή για την μυρωδιά που έβγαινε από τους δρόμους
αφού οι στρατιώτες χόρτασαν
τη λαγνεία τους για αίμα και ρίχτηκαν
στην κραιπάλη. Χθες βράδυ το σπίτι της
ήταν μια μικρή Τροία, οι κάμαρές της
έσκουζαν, φονιάς ο σύζυγός της.

Στη θάλασσα το πρωί
βγάζει τη νυχτικιά που κολλούσε
από πάνω της και κολυμπάει,
αφήνοντας κορμί και νου να παρασύρονται
κάτω απ' το φωτεινό ουρανό.

At the sea's edge she stands
rubbing her body, removing
the stench of her husband's hands.

Στης θάλασσας τα ρηχά στέκεται,
τρίβοντας το σώμα της, ξεπλένοντας
τη βρώμα απ' τα χέρια του άντρα της.

Μετάφραση: ΕΛΕΝΗ ΝΙΚΑ

THE TWELVE WOMEN

While she lay in a drugged sleep,
*like a lion that has killed a farmer's ox,
its chest spattered by the blood that drools
from its jaws,* Odysseus stood, monstrous,
mired in gore from feet to armpits.
The women were told to clean up.

They entered the great hall keening,
and wept as they dragged the bodies outside.
Next he told them *to soak sea sponges
in water, clean the tables and chairs*
soiled by the blood of men they'd known
as lovers, boors, gluttons, friends

and carry out the filthy scrapings from the floor.
When the room was cleaned to his satisfaction
he told his son to take twelve women
who had slept with the suitors *to a narrow place
between two buildings with no escape
and kill them like beasts with his sword.*

But Telemachus thought this death too clean
for the women *and strung a ship's hawser
across the courtyard tightening it enough
so no foot could touch the ground.
And as when long-winged thrushes
or doves come to roost in a clump*

ΟΙ ΔΩΔΕΚΑ ΓΥΝΑΙΚΕΣ

Ενώ βρισκόταν η Πηνελόπη σε βαθύ ύπνο,
σαν λιοντάρι που κατασπάραξε το βόδι του αγρότη
το στήθος του πιτσιλισμένο απ' το αίμα που στάζει
απ' τα σαγόνια του στέκεται ο Οδυσσέας, φοβερός,
βουτηγμένος στο αίμα απ' τα νύχια ως την κορφή.
Στις γυναίκες πρόσταξε να καθαρίσουν.

Αυτές μπήκαν στη μεγάλη αίθουσα μοιρολογώντας
κι έκλαιγαν καθώς έσερναν έξω τους σκοτωμένους.
Μετά τις είπε να μουσκέψουν σφουγγάρια
στο νερό, να καθαρίσουν τραπέζια και καρέκλες
λερωμένα απ' το αίμα των αντρών που κάποτε τους ήξεραν
σαν εραστές, αγροίκους, φαγάδες, συντρόφους

και να πετάξουν τις βρωμιές από το πάτωμα.
Αφού το δωμάτιο καθαρίστηκε όπως το ήθελε
είπε στο γιο του να πάρει τις δώδεκα γυναίκες
που 'χαν πλαγιάσει με τους μνηστήρες σ' ένα στενό μέρος
ανάμεσα σε δυο οικήματα χωρίς τρόπο να ξεφύγουν
και να τις σφάξει σαν αρνιά με το σπαθί του.

Ο Τηλέμαχος όμως θεώρησε τέτοιον θάνατο πολύ καθαρό
για τις γυναίκες και κρέμασε καραβόσκοινο
από τη μια άκρη της αυλής στην άλλη, τεντωμένο
για να μην ακουμπά στη γης το πόδι καμιάς.
Κι όπως οι μακρόφτερες τσίχλες
ή τα περιστέρια παν να κουρνιάσουν στα χαμόκλαδα

*of bushes and find instead a snare,
the women's necks were placed in nooses
so their death would be most miserable.
Their feet twitched for a while* reminding him
of how they'd seemed to tread the air
dancing to the flute on summer nights.

των θάμνων και πέφτουν στην παγίδα,
έτσι κι οι λαιμοί των γυναικών περάστηκαν σε θηλιές
ώστε ο θάνατός τους να γίνει ακόμα πιο φρικτός.
Τα πόδια τους τινάχτηκαν για λίγο θυμίζοντάς του
πως φαίνονταν σαν να μην ακουμπούσαν στη γη
όταν χόρευαν με τον αυλό τις νύχτες του καλοκαιριού.

Μετάφραση: ΕΛΕΝΗ ΝΙΚΑ

A SOUVENIR

Still fuddled by sleep
she walks out of the courtyard
to where the women lie
threaded like linnets
on a hunter's belt.

Flies crawl in their nostrils
and open eyes; she tastes
bile and speaks their names
one by one, as if naming
were a way to keep them safe

from rough hands: Hero,
Hermione, Iphigenia, Eirini,
Phaedra, Batia, Marpessa,
Leda, Leucothea, Eryso,
Europa, Maia – soft souls

caught in the snare of their own
desires. She kneels to remove
a slipper that has taken the shape
of a foot, each toe mounded
as if by a burrowing mole.

This is all that will last
of pretty Maia, a shoe

ΣΟΥΒΕΝΙΡ

Ζαλισμένη ακόμα από τον ύπνο
βγαίνει έξω από την αυλή
εκεί όπου ξαπλώνουν οι γυναίκες
περασμένες σαν σπίνοι
στη ζώνη του κυνηγού.
Οι μύγες μπαινοβγαίνουν στα ρουθούνια τους
και τ' ανοιχτά μάτια. Νιώθει το στόμα της
φαρμάκι και φωνάζει τα ονόματα
της κάθε μιας, λες και με τ' όνομα
υπήρχε τρόπος να τις κρατήσει μακριά

από τα άγρια χέρια: Ηρώ,
Ερμιόνη, Ιφιγένεια, Ειρήνη,
Φαίδρα, Βατία, Μαρπίσση,
Λήδα, Λευκοθέα, Ερυσώ,
Ευρώπη, Μαία – αδύναμες υπάρξεις

πιασμένες στην παγίδα του δικού τους
πόθου. Γονατίζει να βγάλει
το γοβάκι που 'χει πάρει το σχήμα
του ποδιού, το κάθε δάχτυλο έσκαψε τη σόλα
σαν την τρύπα του τυφλοπόντικα.

Αυτό μόνο θα μείνει
από την όμορφη Μαία, ένα παπούτσι

that danced the night away,
a slipper whose mate no prince
will seek: Penelope's keepsake.

που χόρευε όλη νύχτα,
ένα γοβάκι που το ταίρι του κανένα πριγκιπόπουλο
δεν θ' αναζητήσει: σουβενίρ να το κρατήσει η Πηνελόπη.

Μετάφραση: ΕΛΕΝΗ ΝΙΚΑ

HOW PRODUCTIVE PAIN IS

She woke to the sound of women's laments.
How productive pain is, she thought.
All these years as they spread sheets
on the thorn-bushes, plucked their eyebrows,
flirted, danced, spun wool,
they'd sung the usual songs of love.

Now they were not singing but making
music as old as the world, tough
as the rind of a pomegranate, the sound
that death inspires. When there was a lull
in their wailing, a woman gifted in the art
spoke to the dead, berating them for leaving

her at the mercy of a new master.
Like the fingers of the newly blind,
her words reached out, unaccustomed,
at first to the darkness then slowly grasping
familiar forms, the roughness of bark,
metaphors that harden and fix pain.

Nothing they had sung before compared
to this — how productive pain is.

Ο ΠΟΝΟΣ ΠΟΣΟ ΕΙΝΑΙ ΠΑΡΑΓΩΓΙΚΟΣ

Αχός την ξύπνησε από θρήνους γυναικών.
Ο πόνος, συλλογίστηκε, είναι παραγωγικός.
Όλα τούτα τα χρόνια που άπλωναν πανιά
σε θάμνους απ' αγκάθια, τα φρύδια τους μαδώντας,
φλερτάροντας, χορεύοντας, τυλίγοντας μαλλί,
τραγούδησαν τα πιο γνωστά του έρωτα τραγούδια.

Τώρα δεν τραγουδάν, μόνο ξυπνάν
μια μουσική παλαιά όσο κι ο κόσμος,
τραχιά ωσάν ροϊδόφλουδο κι ο ήχος
είναι θανάτου απαύγασμα. Όπως τότε σαν γίνηκε
γαλήνη μες στο σκούξιμο, γυναίκα με τέχνης τα δωρήματα
μίλησε στους νεκρούς και τους λοιδόρησε

π' ανέραστη στο έλεος του καινούριου
αφέντη την αφήκαν. Ωσάν ενός τα δάχτυλα
που μόλις ετυφλώθη, τεντώνονταν τα λόγια της
μες στο σκοτάδι, στην αρχή ασυνήθιστα
και λίγο λίγο συλλάμβαναν σχήματα
που φάνταζαν οικεία, της φλούδας την τραχύτητα,
μεταφορές που σκλήραιναν και στέριωναν τον πόνο.

Τίποτε απ' όσα τραγουδήσανε παλαιά με τούτο
δεν συγκρίνονταν – το πόσο ο πόνος είναι παραγωγικός!

Μετάφραση: ΚΥΡΙΑΚΟΣ ΧΑΡΑΛΑΜΠΙΔΗΣ

ATHENA'S BARGAIN

She had always thought it strange
Athena should be a goddess
of war and weaving, of craft
and carnage. Now, Penelope woke
from muffled sleep and understood

she'd been shielded from the worst.
How could she look him in the eye
otherwise? The slaughter of the suitors
was work of man and a goddess
who held the world in balance;

men at war, women
weaving, knitting, making
bread, babies, fingers
busy, eyes averted.
Are the gods to blame?

She'd quietly kept his house,
preserving the wisdom of a bargain
struck in her name. She'd surrendered to
the pleasure of her craft, a mastery
that matched his with the bow.

Should she have refused to keep
her half of the bargain? Defied

Η ΣΥΜΦΩΝΙΑ ΤΗΣ ΑΘΗΝΑΣ

Πάντοτε το έβρισκε περίεργο
η Αθηνά να είναι θεά του πολέμου και της ύφανσης,
της τέχνης και της σφαγής. Τώρα όμως, ξύπνησε
η Πηνελόπη από βαθύ ύπνο
και κατάλαβε πως τη φύλαξε

από το χειρότερο. Πώς αλλιώς
θα μπορούσε να τον κοιτάξει κατάματα;
Η σφαγή των μνηστήρων ήταν
δουλειά ενός άντρα και μιας θεάς
που κρατούσε τον κόσμο σε ισορροπία·

Άντρες σε πόλεμο, γυναίκες
υφαίνοντας, πλέκοντας, φτιάχνοντας
ψωμί, μωρά, δάχτυλα
απασχολημένα, μάτια κατεβασμένα.
Φταίνε οι θεοί;

Ήσυχα νοικοκύρευε το σπίτι του
διατηρώντας τη σοφία της συμφωνίας
που κλείστηκε στ' όνομά της. Δόθηκε
στη χαρά της τέχνης της, μια δεξιοτεχνία
που ταίριαξε με τη δική του την τοξοβολία.

Έπρεπε να αρνηθεί να κρατήσει
το δικό της μερίδιο της συμφωνίας;

Athena? An owl hooted
outside her window, waiting
for a reckless mouse to move.

Penelope took the shuttle
thrust it across the loom,
back and forth, weft
piercing warp, fingers
faithful servants of her anger.

Να προκαλέσει την Αθηνά; Έσκουξε μια κουκουβάγια
έξω από το παράθυρό της, περιμένοντας
να κουνηθεί ένα παράτολμο ποντίκι.

Πήρε τη σαΐτα η Πηνελόπη
την πέταξε στην άλλη άκρη του αργαλειού,
πίσω-μπρος, το στημόνι να τρυπάει
το υφάδι, τα δάχτυλα
πιστοί υπηρέτες της οργής της.

Μετάφραση: ΓΚΕΙΛ ΧΟΛΣΤ-ΓΟΥΑΡΧΑΦΤ

YOUR NAME

When the men taught you games
you waved your wooden sword,
laughed a boy's laugh,
ran me through — I died
obligingly on the kitchen floor.

You called the daisies Trojans,
beheaded them one by one,
got paid in kisses by the maids.
Even your tantrums pleased:
"His father's son!" As if

temper were the measure
of a prince. No wonder
what I taught seemed tame.
Waiting is a dull art
compared to playing war .

Your father brought Troy
to my door and your green heart
was dazzled when Athena waved
her magic wand and he shone
like a god in the great hall.

Like all new recruits you did
the dirty work for him,
the massacre of innocents,

Τ' ΟΝΟΜΑ ΣΟΥ

Όταν οι άνδρες σου μάθαιναν παιχνίδια,
κουνώντας το ξύλινο σπαθί σου,
γελούσες με παιδικό γέλιο,
με διαπερνούσες: θα πέθαινα
πρόθυμα στα πλακάκια της κουζίνας.

Τρώες, τις έλεγες τις μαργαρίτες,
αποκεφαλίζοντάς τις μια-μια,
πληρωμένος σε φιλιά από τις υπηρέτριες.
Ακόμη και τα μπουρίνια σου ήταν διασκεδαστικά:
«φτυστός ο πατέρας του!»

Λες και η οργή ήταν
το πριγκιπικό μέτρο. Φυσικά,
για ό,τι σου δίδασκα αδιαφορούσες.
Σε σύγκριση με τον πόλεμο,
η αναμονή είναι μονότονη τέχνη.

Ο πατέρας σου έφερε την Τροία
στην πόρτα μου και η άγουρη καρδιά σου
τυφλώθηκε όταν η Αθηνά
κούνησε το μαγικό της ραβδί κι εκείνος έλαμψε
σαν θεός στη μεγάλη αίθουσα.

Όπως όλοι οι νεοσύλλεκτοι έκανες εσύ
τις βρώμικες δουλειές για 'κείνον,
τις σφαγές των αθώων,

outdoing him in cruelty
to prove yourself his son.

I tried to keep you true
to your name -Tele-machos,
'far-fighting', glossing it
as talisman to keep you safe
from the sin of war, and failed.

Don't ask me to forgive you;
I won't be unfaithful to memory
or let you plead a goddess
twisted your arm. No,
I can only love you.

ξεπερνώντας τον σε σκληρότητα,
απόδειξη ότι είσαι γέννημά του.

Προσπάθησα να σε φυλάξω πιστό
στ' όνομά σου: «Τηλέ-μαχος»,
«μακριά απ' τη μάχη», σχολιάζοντάς το
σαν φυλαχτό να σε προστατέψω
από την αμαρτία του πολέμου, κι απέτυχα.

Μη μου ζητάς να σε συγχωρήσω.
Δε θα εξαπατήσω τη μνήμη,
ούτε θ' αφήσω να ισχυριστείς ότι μια θεά
σ' αλλαξοπίστησε. Όχι,
μόνο να σ' αγαπώ μπορώ.

Μετάφραση: ΓΚΕΙΛ ΧΟΛΣΤ-ΓΟΥΑΡΧΑΦΤ

THE RAISED HAND

She begins to understand another wife.
The reception—the red carpet unfurled,
the lover in wait, the bath drawn,
the wary husband caught off guard,

a netted fish, stabbed till he spouted
crimson jets his children would try
to erase with a crime so monstrous
it woke the aged Furies.

The daughter's death was quiet. She trusted
her father. Even when they bound her
she still believed it was a test,
but no-one stopped the raised hand.

The poets turned her mother to a monster.
What mattered was the wind, a wind of war
that rose and stopped an insurrection
of sullen soldiers, blowing their wages

in a whorehouse on the Argive Plain.
How long would they have stayed
without some miracle? He had to act
and blame the priest or lose his chance.

ΤΟ ΣΗΚΩΜΕΝΟ ΧΕΡΙ

Αρχίζει να καταλαβαίνει την άλλη γυναίκα.
Η δεξίωση, το ξεδιπλωμένο κόκκινο χαλί,
ο εραστής που περιμένει, η γεμάτη μπανιέρα,
ο καχύποπτος που πιάστηκε ανέτοιμος.

Πιάνεται σαν ψάρι σε δίχτυ, καρφώνει το μαχαίρι
ώσπου εκτοξεύτηκαν από μέσα του
βυσσινιά σιντριβάνια που τα παιδιά θα προσπαθήσουν
να σβήσουν μ' ένα τόσο αποτρόπαιο έγκλημα
που θα ξυπνήσει ακόμα και τις ηλικιωμένες Ερινύες.

Ο θάνατος της κόρης ήταν ήσυχος. Εμπιστεύτηκε
τον πατέρα της. Ακόμη κι όταν την έδεσαν
πίστεψε πως ήταν μια δοκιμασία,
αλλά κανείς δε σταμάτησε το σηκωμένο χέρι.

Οι ποιητές μεταμόρφωσαν τη μητέρα της σε τέρας.
Σημασία είχε ο άνεμος, ο άνεμος πολέμου
που φούσκωσε και σταμάτησε μια εξέγερση
σκυθρωπών στρατιωτών, χαραμίζοντας τα μεροκάματά
τους.

σ' ένα μπορδέλο στη πεδιάδα του Άργους.
Για πόσο θα έμεναν χωρίς ένα θαύμα;
Έπρεπε κάτι να κάνει, να κατηγορήσει τον ιερέα
ή να χάσει την ευκαιρία του.

Her mother was one who understood
the cold exchange of life for history.
She nursed her grief like slow fire,
blew its coals when she needed.

Someone, thinks Penelope, has to speak
for those who look into a father's eye
trusting the raised hand to stop
in mid-air, arrested by some grace.

Η μητέρα του ήταν που κατάλαβε
την ψυχρή ανταλλαγή ζωής για ιστορία.
Έτρεφε το πένθος της σαν σιγανή φωτιά,
Φύσησε στα κάρβουνα στην ανάγκη.

Κάποιος, σκέφτεται η Πηνελόπη, πρέπει να μιλήσει
γι' αυτούς που κοιτάζουν κατάματα έναν πατέρα
πιστεύοντας ότι το σηκωμένο χέρι θα έμενε
μετέωρο, σταματημένο από τη θεία χάρη.

Μετάφραση: ΓΚΕΙΛ ΧΟΛΣΤ-ΓΟΥΑΡΧΑΦΤ

HOMEBOUND

Already there is talk of a new voyage —
some tale of unfinished business,
a sailor left unburied. She is not deceived.

She has seen him stare at the blurred horizon
and knows this hearth can no more hold him
than he can satisfy her need for longing.

There is a time when modes are set;
hers is to wait, his to wander.
He dreams of a ship, she of a man

who left. Both are adept at anticipation.
—My dear, he says, I need a walk,
and heads for a bar where sailors drink.

Impatient, she waits for him to go
and takes her seat at the loom. Now she can finish
the work she spent her nights undoing.

Ο ΓΥΡΙΣΜΟΣ ΤΟΥ ΟΔΥΣΣΕΑ

Ήδη έχουν αρχίσει κουβέντες για ένα καινούριο ταξίδι,
κάποια ιστορία για μισοτελειωμένες επιχειρήσεις,
γι' έναν άθαφτο ναύτη. Δεν ξεγελάνε την Πηνελόπη.

Τον έχει δει να αγναντεύει τον θολό ορίζοντα
και καταλαβαίνει ότι ούτε αυτό το τζάκι μπορεί να τον
   κρατήσει
ούτε αυτός μπορεί να ικανοποιήσει την ανάγκη της να
επιθυμεί.

Έρχεται η στιγμή που ρυθμίζονται οι τρόποι —
για κείνη να περιμένει, για κείνον να περιπλανάται.
Αυτός ονειρεύεται ένα βαπόρι· αυτή, έναν άνδρα
που έφυγε. Και οι δύο γνωρίζουν καλά την προσδοκία.
—Αγάπη μου, της λέει, θέλω να πάω μια βόλτα—
και φεύγει για ένα μπαρ που πίνουν οι ναύτες.

Ανυπόμονη, περιμένει ώσπου εκείνος να φύγει
και ξαναπαίρνει τη θέση της στον αργαλειό. Τώρα μπορεί
να τελειώσει το έργο που νύχτες ξόδεψε να ξηλώνει.

Μετάφραση: ΓΚΕΙΛ ΧΟΛΣΤ-ΓΟΥΑΡΧΑΦΤ

WAR TALES

What did he carry
from the sack of Troy
but a bag of wind
and a nymph's disease?

The men in trust
to him littered
the seabed briefly
among hardier debris

of metal and clay.
Not one lived
to tell another
version of the tale,

how some, drowning,
damned his curiosity,
the chimera the captain
chased, a woman

whose name became
their own, the gods
that drew them down
and left him to spread

his war tales
across the generations,
his bag of wind,
his nymph's disease.

ΠΟΛΕΜΙΚΕΣ ΙΣΤΟΡΙΕΣ

Τι κουβάλησε από την ήττα της Τροίας
εκτός από έναν ασκό ανέμων
και την αρρώστια μιας νύμφης;

Το πλήρωμά του
κείτονταν στο βυθό για λίγο
ανάμεσα σε άλλα σκουπίδια

μετάλλου και πηλού.
Κανένας δεν επέζησε να διηγηθεί
μια άλλη παραλλαγή της ιστορίας,

πώς μερικοί, καθώς πνίγονταν
καταριόντουσαν την περιέργειά του,
τη χίμαιρα που κυνηγούσε, μια γυναίκα

που θα τους έδινε τ' όνομά της,
τους θεούς που τους τράβαγαν κάτω
και τον άφησαν να σκορπίσει

τις πολεμικές του ιστορίες
από γενιά σε γενιά, τον ασκό των ανέμων,
την αρρώστια του – της νύμφης.

Μετάφραση: ΓΚΕΙΛ ΧΟΛΣΤ-ΓΟΥΑΡΧΑΦΤ

A PARTING OF THE WAYS

What's he to her or she
to him now they
have parted ways?

If she had known would she
have married, borne his son,
waited half her life?

Was it her fault she thrilled
to the muscle that tightened at her touch
sowing dragon seed?

Or should she blame the goddess
and her tricks? Did Aphrodite
give her an overdose?

One thing is sure;
she won't be drugged again.
She's putting out to sea.

Ο ΧΩΡΙΣΜΟΣ

Τι είναι αυτός για κείνη, κι αυτή
για κείνον τώρα
που χώρισαν οι δρόμοι τους;

Αν ήξερε, θα τον παντρευόταν,
θα γεννούσε το παιδί του;
Θα περίμενε μισή ζωή;

Ήταν λάθος της που ανατρίχιαζε
με αυτό που τεντωνότανε στ' άγγιγμά της
κι έσπερνε δρακόσπορο;

Ή να κατηγορήσει τη θεά
και τα τεχνάσματά της; Πως τάχα η Αφροδίτη
της έδωσε ναρκωτικά;

Το σίγουρο είναι
ότι δεν θα ναρκωθεί ξανά·
θα ανοίξει πανιά.

Μετάφραση: ΓΚΕΙΛ ΧΟΛΣΤ-ΓΟΥΑΡΧΑΦΤ

PENELOPE'S BLUES

Penelope is at work again.
This time her warp and weft
are blue, two shades so close
they merge into a single
essence of blueness like the sea,
sky and mountains of summer
that defy the eye's desire
for delimited zones.

Into this shimmer she works
a single ship, the lone
figure in the prow a woman,
hair streaming behind,
breasts bared, a touch
of carmine on the open lips
that seem to be singing
a siren's song, the blues.

ΤΑ ΜΠΛΟΥΖ ΤΗΣ ΠΗΝΕΛΟΠΗΣ

Ξαναπιάνει τη δουλειά της η Πηνελόπη.
Αυτή τη φορά και το υφάδι και το στημόνι
είναι μπλε, παρόμοιων αποχρώσεων
που σμίγουν σε μια μοναδική
γαλάζια ουσία σαν τη θάλασσα,
τον ουρανό και τα βουνά το καλοκαίρι,
προκαλώντας την επιθυμία του ματιού
για προσδιορισμένες οπτικές γωνίες.

Σ' αυτές της ανταύγειες σκαρώνει
ένα πλοίο μόνο, τη μοναχική
σιλουέτα μιας γυναίκας στην πλώρη,
τα μαλλιά της πίσω, λυτά,
στήθη γυμνά, μια πινελιά
κοκκινάδι στ' ανοιχτά χείλη
που μοιάζουν να τραγουδάνε
ένα τραγούδι των σειρήνων: τα μπλουζ.

Μετάφραση: ΓΚΕΙΛ ΧΟΛΣΤ-ΓΟΥΑΡΧΑΦΤ

Turning Back

Στροφή

Μετάφραση: ΓΚΕΙΛ ΧΟΛΣΤ-ΓΟΥΑΡΧΑΦΤ

TURNING BACK

I can see why she might have turned
when that awful glare lit the sky.
It was her home town, after all.
There must have been cousins, kids
on the block. What sort of god
had singled them out to save?
And what sort of husband plodding
ahead? An exchange of substance,
flesh into salt, and she could rest
knowing whatever was left of her
was close to those she loved.
No, it's not hard to understand
her fateful turn.
                    But his!
To lose it all for a glimpse,
and he a musician trained to hear
the whisper of a mouse's footfall.
Why did he need the eye's evidence
when the ear told him all he needed?
Did he sense reluctance
in the soft steps that trailed him
up the halls towards the light?
Did his power to charm pale
beside her earthy lover's heat?
In any case his turning back cost him
what he'd come for. That said,
I marvel at how both turns left
a man alive, a woman dead.

ΣΤΡΟΦΗ

Καταλαβαίνω γιατί εκείνη θα μπορούσε να έχει στραφεί
όταν αυτή η φοβερή λάμψη φώτισε τον ουρανό.
Στο κάτω-κάτω ήταν το χωριό της·
έπρεπε να υπήρχαν εξαδέλφια, παιδιά
της γειτονιάς. Ποιο είδος θεού
τους είχε ξεχωρίσει για σωτηρία;
Και ποιο είδος άντρα βραδυπορούσε
μπροστά; Μια ανταλλαγή ουσίας,
σάρκα σε αλάτι και μπόρεσε να ησυχάσει
ξέροντας πως ο,τιδήποτε απόμεινε απ' αυτήν
θα ήταν κοντά σ' αυτούς που αγαπούσε.
Όχι, δεν είναι δύσκολο να καταλάβει κανείς
τη μοιραία στροφή της.
                    Αλλά τη δική του!
Να τα χάσει όλα για μια γρήγορη ματιά
κι αυτός μουσικός εκπαιδευμένος ν' ακούει
τον ψίθυρο από του ποντικού το βήμα.
Γιατί να είχε ανάγκη από την απόδειξη των ματιών,
όταν το αυτί του έλεγε όσα χρειαζόταν;
Ένιωσε απροθυμία
στα μαλακά βήματα που τον ακολουθούσαν
ανηφορίζοντας τους διαδρόμους προς το φως;
Έσβησε η μαγεία του μπροστά
στη ζεστασιά του γήινου εραστή της;
Εν πάση περιπτώσει η στροφή του
τού κόστισε αυτό που γύρευε. Τώρα που το είπαμε
αναρωτιέμαι πως και οι δύο στροφές
άφησαν έναν άντρα ζωντανό, μια γυναίκα νεκρή.

PROSILION

Whatever the sign says
they call the village Prosilion
as they call all villages
turned towards the sun.
Cats and broad-beamed women
catch its last warmth
stored in the stone steps
of the church, their hands
cross-hatched from pruning
olives, black clothes
faded by the sovereign sun
to match the dusty fruit.

They hold out their hands
to take mine, "soft
as a white carnation,"
says one, keeping it in hers
a moment, feeling its useless
smoothness seep like sun
into her creased palm.

ΠΡΟΣΗΛΙΟΝ

Ό,τι γράφει η πινακίδα,
το χωριό λέγεται Προσήλιον
όπως λέγονται όλα τα χωριά
που στρέφονται στον ήλιο.
Γάτες και καλοζωισμένες γυναίκες
απολαμβάνουν τον ήλιο που δύει
ακουμπισμένες στα πέτρινα σκαλιά
της εκκλησίας, τα χέρια τους
χαρακωμένα από το κλάδεμα
της ελιάς, μαύρα φορέματα
ξεθωριασμένα από τον βασιλιά ήλιο
για να ταιριάζουν με τα σκονισμένα φρούτα.

Τείνουν τα χέρια τους
να πάρουν το δικό μου, «μαλακό
σαν άσπρο γαρίφαλο»,
λέει η μία, κρατώντας το στο δικό της
για μια στιγμή, ψηλαφώντας την άχρηστή του
απαλότητα που ρέει σαν ήλιος
στη ζαρωμένη της παλάμη.

ITHACAN CAFÉ

The hard blue eyes and swift smile
betray his origins: for three centuries
Venetian men sired pirates
by local girls on this rocky island,
a figure-of-eight, famous for returns.

Anchored in caves, knives sharpened,
they cursed the moon. A signal given,
they worked as one, black hulls –
ants stealing across silver –
heading stragglers off, swarming aboard.
Quietly, they killed what stood in their way.

The owner offers a sticky sweet:
"rice pudding – speciality of the island."
We thank him, drink each other's health
from sweating glasses. His smile flashes
like a blade in the moonlight and is gone.

ΚΑΦΕΝΕΙΟ ΣΤΗΝ ΙΘΑΚΗ

Τα σκληρά μπλε μάτια και το γοργό χαμόγελο
προδίδουν τη καταγωγή του·
Για τρεις αιώνες οι Ενετοί έσπερναν πειρατές
με ντόπια κορίτσια σ' αυτό το πετρώδες νησί,
σε σχήμα οκτώ, φημισμένο για τους νόστους.
Αραγμένοι σε σπηλιά με τα μαχαίρια ακονισμένα
βλαστημούσαν το φεγγάρι. Με το σινιάλο,
δούλευαν σαν ένας άνθρωπος, μαύρα σκάφη
σαν μυρμήγκια γλιστρούσανε στ' ασήμι
ξεκόβοντας όσους έμεναν πίσω, σκαρφάλωναν
επάνω τους. Σιωπηλά σκότωναν ό,τι τους εμπόδιζε.

Ο ιδιοκτήτης προσφέρει πηχτό ρυζόγαλο,
τη σπεσιαλιτέ του νησιού,
Τον ευχαριστούμε, πίνουμε στην υγεία του
από ποτήρια που ιδρώνουν. Αστράφτει το χαμόγελό του
σαν λεπίδα στο φεγγαρόφωτο και εξαφανίζεται.

RETURNS

Winter returns like Agamemnon,
fires on the hills heralding its coming.
Spring startles like Orestes,
its offerings placed on the dark earth,
locks of green hair on a grave,
a chorus of birds muttering doubts.

ΝΟΣΤΟΙ

Ο χειμώνας γυρίζει σαν τον Αγαμέμνονα·
φωτιές στους λόφους αναγγέλλουν
τον ερχομό του. Η άνοιξη ξαφνιάζει σαν τον Ορέστη
ακουμπώντας τις προσφορές της στη νεκρή γη
σαν μπούκλες πράσινα μαλλιά,
χορός πουλιών που ψιθυρίζουν αμφιβολίες.

DEVOTEE OF APHRODITE

"You should have seen her twenty years ago,"
my old admirer said, introducing me.
Like a latter-day Pausanius seeing a temple
once sacred to Aphrodite, fallen into disuse,
he could still discern traces in faded stone.

I wished I could hold a mirror up
to a grey-haired Greek, show him his face,
but age did not perturb his worship.
Still faithful, his eyes paid homage
to each priestess who passed us by
on slim tanned legs, bearing fresh offerings.

ΛΑΤΡΗΣ ΤΗΣ ΑΦΡΟΔΙΤΗΣ

«Θα έπρεπε να την δεις πριν είκοσι χρόνια»,
είπε ο παλαιός μου θαυμαστής όταν με σύστησε.
Σαν σύγχρονος Παυσανίας, βλέποντας ένα ναό
αφιερωμένο κάποτε στην Αφροδίτη,
και τώρα εγκαταλελειμμένο, μπορούσε
να διακρίνει ίχνη στη ξεθωριασμένη πέτρα.

Θα 'θελα να δείξω στον γκριζομάλλη Έλληνα
το πρόσωπό του στον καθρέφτη,
αλλά τα γεράματα δεν εμπόδιζαν την λατρεία του.
Πιστά ακόμα, τα μάτια του λάτρευαν
κάθε ιέρεια που πέρασε
με λεπτές ηλιοκαμένες γάμπες
κομίζοντας χλωρά τάματα.

THE OLD MEN OF ATHENS

> *Ye are the salt of the earth: but if the salt have lost his savor, wherewith shall it be salted? it is thenceforth good for nothing, but to be cast out and to be trodden under foot of men.*
> MATTHEW 5, 13.

The old men's wives
are the salt of the earth,
bitterly waiting
for their men to return
from the tavern where
 they sing and dream.

When the old men dance
their steps are small
and light as air.
For a moment they tread
the savorless salt
of every day
under their feet
until the bouzouki
stops, and their
worn overcoats
slumped on chair-backs
remind them of
the salt of the earth.

ΟΙ ΓΕΡΟΝΤΕΣ ΤΗΣ ΑΘΗΝΑΣ

*Ὑμεῖς ἐστέ τό ἅλας τῆς γῆς· ἐάν δέ τό ἅλας μωρανθῇ,
ἐν τίνι ἀλισθήσεται; εἰς οὐδέν ἰσχύει ἔτι εἰ μή βληθέν
ἔξω καταπατεῖσθαι ὑπό τῶν ἀνθρώπων.*

ΜΑΤΘΑΙΟΣ 5:13.

Οι γυναίκες των γερόντων
είναι το αλάτι της γης·
περιμένουν πικρά
να γυρίζουν οι άντρες τους
απ' τις ταβέρνες όπου
τραγουδούν και ονειρεύονται.

Όταν χορεύουν οι γέροντες
τα βήματά τους είναι μικρά
και ελαφριά σαν τον αέρα.
Για μια στιγμή πατούν
το άγευστο αλάτι της γης,
την καθημερινότητα
κάτω από τα πόδια τους
μέχρι να σταματήσει το μπουζούκι
και τα φθαρμένα τους παλτά
σωριασμένα στις καρέκλες
να τους θυμίσουν πάλι
το αλάτι της γης.

THREE LANDSCAPES

The landscape of childhood hangs above my desk:
it takes a painter's eye to see in the khaki
of the Yarra, the camouflage green of gums
with livid trunks exposed, a kind of beauty.
Or else a child's. I once stood spellbound there.

And here's a photo of poppies and marguerites,
spots of blood, sun on bare bones
of a landscape so scythed, so densely worked
it has exhausted itself. But what a riot
spring makes on its salt-licked skeleton!

Nothing more to do in my garden.
Left to its own it will remove
all perishables. What remains,
like most things meant to withstand,
lacks charm, compensates with grandeur.

ΤΡΙΑ ΤΟΠΙΑ

Το τοπίο της παιδικής ηλικίας κρέμεται πάνω από το
γραφείο μου·
χρειάζεται μάτι ζωγράφου για να δεις στο χακί
του ποταμού Γιάρα, στο πράσινο καμουφλάζ των
ευκαλύπτων
με τους πελιδνούς κορμούς ακάλυπτους, μια ομορφιά.
Η παιδιού. Κάποτε σταμάτησα μαγεμένη εδώ.

Και εδώ μια φωτογραφία με παπαρούνες και μαργαρίτες,
βούλες αίμα, ήλιος σε γυμνά κόκαλα
ενός τοπίου τόσο θερισμένου, τόσο πυκνά δουλεμένου
που έχει εξαντληθεί. Αλλά τι όργιο σηκώνει
η άνοιξη στο αλατογλυμμένο σκελετό του!

Τίποτε άλλο δε μένει να κάνω στον κήπο μου.
Εγκαταλελειμμένος, θα εξαφανίσει κάθε φθαρτό.
Ό,τι απομένει, όπως τα πιο πολλά πράγματα
που προορίζονται να βαστάξουν,
στερείται γοητείας, αντισταθμίζεται με μεγαλείο.

WILD TURKEY

All morning it's been walking around,
surprised to find itself in a garden
full of snow in April. From the way
it spreads its toes carefully
so as not to sink into slush
and pokes its head forward, earnest
with effort, you can see it hoped for more.

My mother walked like that
at the end, the pronged stick placed
first on the pavement, head out,
determined not to break another bone
in a body that failed to meet her expectations.

ΑΓΡΙΑ ΓΑΛΟΠΟΥΛΑ

Όλο το πρωί γυρίζει στο κρύο
ξαφνιασμένη που βρίσκεται
σε χιονισμένο κήπο τον Απρίλιο.
Από το τρόπο που απλώνει τα τρία δάχτυλά της,
προσεχτικά ώστε να μη βουλιάξει
στη κρύα χιονολάσπη και βγάζει μπροστά το κεφάλι της
σοβαρά με προσπάθεια, καταλαβαίνεις ότι περίμενε
περισσότερα.

Έτσι περπατούσε η μάνα μου στο τέλος·
το ραβδί με τρία δόντια τοποθετημένο
πρώτα στα πλακάκια, το κεφάλι μπροστά
αποφασισμένη να μη σπάσει άλλο κόκαλο
σ' ένα σώμα που δεν ανταποκρινόταν στις προσδοκίες της.

IRONING

For Sabina Burdzovic

Like a cool sheet on a restless child
the smell of ironing settles lightly.
Outside, snow is falling: "Thank-you
for ironing," says the girl from Sarajevo.

Time unwrinkles, we talk of mothers
smoothing wind-stiff sheets, of kitchens
filled with the scent of stored sun
an iron's weight released.

Before they began to cleanse her city
the girl never knew her parents belonged
to two separate human piles.
She only watched the busy ordering

of linen, the nosing of hot metal
around a button, along a seam,
the triangle tipped on its heel to cool:
shirts for a father to wear to work

as he made the buses run on time,
in a city stitched and lightly pressed,
held together for a moment intact
before its seams were ripped apart.

ΣΙΔΕΡΩΜΑ

Για τη Σαμπίνα Μπέρτζοβιτς

Σαν δροσερό σεντόνι πάνω σε ανήσυχο παιδί
η μυρωδιά του σιδερώματος κουρνιάζει ήσυχα.
Έξω χιονίζει... «Σ' ευχαριστώ
που σιδερώνεις», λέει το κορίτσι από το Σεράγεβο.

Φεύγουν οι ζάρες του χρόνου, μιλάμε για μανάδες
που στρώνουν σεντόνια, σκληρά απ' τον άνεμο, για
 κουζίνες
γεμάτες απ' τ' άρωμα του αποθηκευμένου ήλιου
απελευθερωμένο απ' το βάρος του σίδερου.

Πριν αρχίσουν να εκκαθαρίζουν την πόλη της
δεν κατάλαβε η κόρη ότι οι γονείς της
άνηκαν σε δύο ξεχωριστούς ανθρώπινους σωρούς.
Παρακολουθούσε μόνο την γρήγορη ταχτοποίηση

ρούχων, τη μύτη του σίδερου όπως περικύκλωνε
ένα κουμπί, όπως ακολουθούσε μια ραφή,
το τρίγωνο όρθιο να κρυώσει·
πουκάμισα για έναν πατέρα να φορέσει,

που έλεγχε τα λεωφορεία να φεύγουν στη ώρα τους
σε μια πόλη ραμμένη κι ελαφρά σιδερωμένη,
διατηρημένη ανέπαφη για μια στιγμή
πριν ξηλωθεί στις ραφές.

His daughter stands in a strange kitchen
watching the snow filter the light
like a sheet of gauze. All she can hear
is the muffled thud of iron on cloth.

Η κόρη του στέκεται σε ξένη κουζίνα κοιτάζει το χιόνι που φιλτράρει το φως σαν γάζα. Το μόνο που μπορεί ν' ακούσει είναι ο υπόκωφος γδούπος του σίδερου στο ύφασμα.

IN THE END IS THE BODY

In the beginning was the word...

In the end is the body — what we know
as inspiration departs before
the final assault of pain and decay.
Even the carpenter's son from Nazareth
could not, in the end, overcome
the body's claims though he knew
inspiration more than most.

And don't imagine his mother
was indifferent to the hammer smashing
the arrangement of bone and sinew she
had held in hers at his beginning.
She wished him back unpierced, smelling
of sawdust and sweat. He was the one
she'd hoped would close her eyes in the end.

In the end my mother lay
body-bound, curled like a fetus,
fretting for a peppermint, a sip of whiskey,
the pillow turned just one more time.
This a woman who, buoyant in silk,
had stood on the hill at Fiesole
reciting her Browning to the wind.

ΣΤΟ ΤΕΛΟΣ ΕΙΝΑΙ ΤΟ ΣΩΜΑ

Ἐν ἀρχῇ ἦν' ὁ λόγος...

Στο τέλος είναι το σώμα – ό,τι ξέρουμε
σαν έμπνευση φεύγει μπροστά
στην τελευταία έφοδο πόνου και φθοράς.
Ακόμα και ο γιος του μαραγκού από τη Ναζαρέτ
δεν μπορούσε, στο τέλος, να ξεπεράσει
τις απαιτήσεις του σώματος αν και γνώριζε
καλύτερα από πολλούς την έμπνευση.

Και μη νομίζεις ότι η μάνα του
έμενε αδιάφορη στο σφυρί που συνέτριβε
τη διευθέτηση κόκαλων και νεύρων
που κρατούσε στα δικά της χέρια στη αρχή του.
Επιθύμησε να γυρίσει άθικτος, μυρίζοντας
πριονίδια και ιδρώτα. Έλπιζε
ότι αυτός θα της έκλεινε τα μάτια.

Στο τέλος η μάνα μου έμεινε
φυλακισμένη στο σώμα της, κουλουριασμένη σαν έμβρυο,
εκλιπαρώντας για μια καραμελίτσα, μια γουλιά ουίσκι,
το μαξιλάρι γυρισμένο άλλη μια φορά·
μια γυναίκα που, σαν πούπουλο στα μεταξωτά της,
είχε σταθεί στο λόφο της Φλωρεντίας
απαγγέλλοντας στον άνεμο τον αγαπημένο της Browning.

GAIL HOLST-WARHAFT has worked as a journalist, broadcaster, writer, academic and independent scholar. In the 1970's, while carrying out research for two books about Greek music, she performed as a keyboard-player with Greece's leading composers, including Mikis Theodorakis and Dionysios Savvopoulos. She is a Professor at Cornell University where she directs a program of Mediterranean Studies. Among her many publications are *Road to Rembetika* (1975), *Theodorakis: Myth and Politics in Modern Greek Music* (1980), *Dangerous Voices: Women's Laments and Greek Literature* (1992), *The Cue for Passion: Grief and its Political Uses* (2000), and *I Had Three Lives: Selected Poems of Mikis Theodorakis* (2005). She has published translations of Aeschylus, and of a number of well-known modern Greek poets and prose- writers, including Nikos Kavadias, Katerina Anghelaki-Rooke, Iakovos Kambanellis, and Alki Zei. Her poems have been published in journals in the US, the UK, Australia and Greece.